असम्भव के विरुद्ध

कविता-संग्रह

असम्भव के विरुद्ध

प्रकाश देवकुलिश

वाणी प्रकाशन ग्रुप

भारतीय ज्ञानपीठ

वाणी प्रकाशन : भारतीय ज्ञानपीठ की पुस्तकों के एकमात्र प्रकाशक एवं वितरक

Email : sales@vaniprakashan.in

पेपरबैक पहला संस्करण : 2024

लोकोदय ग्रन्थमाला : ग्रन्थांक 1509

प्रकाशक
वाणी प्रकाशन ग्रुप
4695, 21-ए, दरियागंज, नयी दिल्ली-110 002
फ़ोन : 011-23273167, 23275710
ईमेल : sales@vaniprakashan.in

ISBN : 978-93-5775-498-9

असम्भव के विरुद्ध
(कविता-संग्रह)
प्रकाश देवकुलिश

ASAMBHAV KE VIRUDDH
(Poetry Collection)
by Prakash Devkulish

मुद्रक : आर. टेक ऑफ़सेट प्रिंटर्स, दिल्ली-110 032

आवरण : प्रीडा क्रिएशंस

Price : INR. 295

पिता स्व. तिलकधारी लाल
और
माँ स्व. रामप्यारी देवी
के लिए

जिनका कर्ज महसूसता हूँ अब तक

अनुक्रम

कविता के साथ साथ

अपनी रचनात्मकता या सृजनशीलता को समझना चाहता हूँ तो पाता हूँ कि किसी न किसी रूप में यह जो बचपन से शुरू हुआ, साथ चलता रहा। बचपन में पर्व त्योहार के मौकों पर मुहल्ले के नाट्य दल में शामिल होकर रंगमंच का जो साथ मिला, वह धीरे धीरे परिपक्व होकर विभिन्न मंचों पर कहानियों की रंग प्रस्तुतियों तक गया। आकाशवाणी के कार्यकाल में कार्यक्रमों की प्रस्तुतियों से रचनात्मकता की भूख थोड़ी शान्त होती। कविताएँ उन्हीं के साथ चलतीं पर अन्दर एक आवाज आती रहती कि मुझमें कविताओं को ही आकार लेना है।

कविताएँ लिखता तो था— पत्रिकाओं में कविताएँ छप भी रही थीं पर कविता की सूझ-बूझ आकाशवाणी राँची में मेरे कार्यकाल (1989-1993) के दौरान प्रसिद्ध नाट्यालोचक एवं कवि डॉ. सिद्धनाथ कुमार के साथ प्रायः शाम की बैठकों में बनी। उनकी दृष्टि साफ थी और सम्प्रेषण स्पष्ट एवं सहज। अपने अन्दर कविता के जिन स्फुरणों को मैं बचपन से महसूसता था, उसे एक सही आकार उनकी संगति और तब की मेरी रचनात्मकता पर उनके सुझावों से मिला। पिछले कुछ वर्षों में अपने कई मित्रों से कविताओं पर बातचीत ने कविता को लेकर मुझे और स्पष्टता दी। सुप्रसिद्ध आलोचक डॉ. रविभूषण जी ने भी मेरी कविताओं को देखकर मुझे प्रेरित किया। ऐसे ही सारे भाव, संगति-सहमति और प्रयास का प्रतिफल है यह कविता-संग्रह।

मेरे पूरे रचनाकर्म में बड़ी भूमिका मेरी पत्नी रेणु उपाध्याय का है। मेरा उत्साहवर्द्धन, मुझे एक सफल सृजनकर्मी के रूप में देखने की उनकी तीव्र कामना और मेरी छोटी-बड़ी हर उपलब्धि पर उनकी आत्यन्तिक खुशी मेरी अतिरिक्त रचनात्मक सम्पत्ति रही है। वैसे ही, मेरी बेटी शाम्भवी प्रकाश की, छोटी उम्र से ही अपनी क्षमता के अनुसार, मेरी रचनाओं में रुचि मेरी भावनात्मक ताकत रही है।

मेरे कई मित्रों का मेरी रचनात्मक यात्रा में बहुमूल्य योगदान रहा है। 'संवेद' और 'सबलोग' के सम्पादक किशन कालजयी का नाम सहज ही प्रमुख रूप से आता

है। उन्होंने हमेशा मुझे कई रचनात्मक कार्यों में शामिल कर मेरी रचनाशीलता को गति दी, मेरा सहयोग लिया और मेरी क्षमता को मान दिया। कथाकार और नाटककार मित्र हृषीकेश सुलभ ने आरम्भ से मेरी रचनाओं को अपनी सृजनात्मकता के छींटे दिये। कथाकार रतन वर्मा और कवि अनवर शमीम दो ऐसे नाम हैं जिन्होंने मेरी कविताओं को देख बार-बार संकलन के लिए जोर दिया। वरिष्ठ कवि एवं लेखक विद्याभूषण जी, कथाकार पंकज मित्र, कवि, चित्रकार एवं व्यंग्यकार नूपुर अशोक, कवि अनिल किशोर सहाय, रचनाकार डॉ. निवास चन्द्र ठाकुर, काव्य प्रेमी राजेश करमहे, कोलकाता में हिन्दी के प्राध्यापक आशुतोष, संस्कृति कर्मी और लेखक मृत्युंजय, कथाकार रवि शंकर सिंह आदि ऐसे नाम हैं जिन्होंने मित्रवत मुझे संकलन के लिए मानसिक तैयारी दी। हिन्दी के अध्यापक और साहित्य के मर्मज्ञ डॉ. रत्नेश कुमार सिन्हा ने बहुमूल्य सुझाव के साथ-साथ संग्रह के प्रूफ को देखने में बड़ी भूमिका निभायी। पत्रिकाओं में आतीं मेरी कविताओं पर मित्रों और परिजनों के उद्गार भी इस संग्रह की प्रेरणा बने। मेरी काव्ययात्रा में ये नाम आभार के रूप में शामिल रहेंगे।

बहुमुखी प्रतिभा के धनी लेखक और कलाकार देव प्रकाश चौधरी का आभार, जिन्होंने प्रीडा क्रिएशंस के बैनर तले इस पुस्तक का कलात्मक और अर्थपूर्ण आवरण तैयार कर इसकी गरिमा बढ़ाई है।

मैं सादर प्रणाम निवेदित करता हूँ साहित्य अकादमी से पुरस्कृत वरिष्ठ कवि अरुण कमल जी को जिन्होंने इस संग्रह के लिए ब्लर्ब लिख कर मुझे सतत् इस यात्रा पर चलने की प्रेरणा दी है।

इस मौके पर बरबस मेरे अग्रज मित्र डॉ. शिव शंकर मिश्र याद आ रहे हैं। इधर के कुछ वर्षों में उनके साथ मिलने-जुलने एवं साहित्यिक चर्चा का क्रम जीवन में शामिल हो गया था। वे होते तो आज इस संकलन को देख अत्यन्त हर्षित होते।

मेरे लिए यह रचना-यात्रा कविता को बार-बार समझने, उसकी व्यापकता और अनुशासन में अपने को ढालने, शिल्प और कथन के सन्तुलन को साधने, निजता को सार्वभौम बनाकर अभिव्यक्त करने और कविता को उसकी असल आवाज के साथ रखने का प्रयास है। मेरे इस संग्रह को इसी रूप में देखा जाय, ऐसा मेरा निवेदन है।

—प्रकाश देवकुलिश

असम्भव के विरुद्ध

ढोर की तरह वे

हर सुबह वे सपने बुने आते हैं
लाइन में खड़े हो जाते हैं
बन जाते हैं ढोर की तरह भीड़
भीड़ में उब-डुब करती हैं नारंगी उम्मीद
भोर की तिरछी धूप में झिलमिलाती

कोई आता है
कुछ को हाँक ले जाता है
ज्यादा-से-ज्यादा काम की फिराक में
कम-से-कम को लिए जाता है
खिल जाती हैं कुछ उम्मीदें
कुछ तमाशा बने रह जाते हैं खड़े
जैसे नहीं बिके हों बाजार से अन्त तक कुछ सामान
रह गये हों पड़े

हर दिन वे जब सपनों को कुदाल फावड़े के सच से
बुनते हैं
तो शाम कुछ राहत ओढ़ पाते हैं
कुछ कल की उम्मीद में वापस चले जाते हैं

बार-बार की वापसी इन्हें फेंक देती है बहुत दूर
जहाँ वे अपने हो जाने के धोखे में
पराये बने रह जाते हैं
मौके-बेमौके इस सच को
वापस सड़कों पर चल जीते हैं

उम्मीद की रेलमपेल है इनका सच
जैसे कोरोना में कोलतार की सड़क।

ढोर-मवेशी

दूसरा राजा

वह राजा
सजा धड़ल्ले से देता था
कर देता था हत्याएँ
प्रजा डरती थी
अन्यायी कहती थी
इन्तजार करती थी
राजा बदलेगा तो जीवन बचेगा
सब कुछ बदलेगा उसके बाद

पर एक दूसरा राजा
ऐसा नहीं था
दूरदर्शी था
मारता नहीं था प्रजा को
उनकी किताबें जला डालता था
जला नहीं सकता तो पन्ने फड़वा दिया करता था

कहता था प्रजा को—
नहीं तो
तुम उनसे जुड़ने लगोगे
जो मर चुके हैं

वे मर तो चुके थे
पर थे अच्छे
इतने अच्छे कि राजा को दुश्मन लगते थे

उनकी बातें अच्छी थीं
इतनी अच्छी कि राजा को देशद्रोह लगती थीं

राजा कहता था प्रजा को—
पन्ने हटाये जाएँगे
बदल दिये जाएँगे
ताकि तुम उनको न जानो
न उनको बिठाओ अपने अन्दर
वे बोलने न लगें तुममें

वे पन्नों से उड़कर
बैठने लगते थे प्रजा के अन्दर
इतने अन्दर कि राजा को लगता
वहाँ तो रहना चाहिये भूख को, प्यास को
अक्षर की गरीबी को
गरीबी जो राजा के जाने के बाद भी बनी रहे।

प्रणाम

क्या है ऐसा तुममें
कि देखते ही मुँद जाती हैं आँखें
और बजने लगता है
श्रद्धा का मौलिक अर्थ

क्या उस पार उड़ाये
लाल अबीर की बची परागधूलि की लालिमा
जो छाई क्षितिज की गोद में
करुणा बन पुकारती सुबह-सुबह?

या पीतिमा
जो मढ़ रही तुम्हारे अन्तस तेज पर सोना
जैसे ठठेरे ने अभी-अभी की हो पीतल की कलई
चमकते धातु के गोल बरतन पर?

या पालने हमें
पिता की तरह सुबह निकलने और शाम लौटने की
तुम्हारी दृढ़ दिनचर्या?

उम्मीद, विश्वास, परिवर्तन
अन्दर उढ़ेलते-से
तुम उग आते हो

जगाते भरोसा कि
मिलेगी असहमति को जगह
सामंजस्य को धरती

चरम से पहले टूटेगा अँधेरा
फैलते दूध-से उजाले में
एक हो जाएगी खीर सेवई

तमस केन्द्रों पर पड़ता तुम्हारे तेज का प्रहार
होते बरबस कर बद्ध
हे ऊर्जा के आदि अन्त
प्रणाम!

प्राण जाए पर वचन न जाए

राजा कहता है
प्राण जाए पर वचन न जाए
और जनता करती है विश्वास
जनता इसे राजा की गर्वोक्ति नहीं मानती
भरोसा मानती है
राजा कुछ कहता है तो उसका पालन करता है

पतंग विश्वास के इसी डोर से जुड़ी रहती है
कमान लटाई के हाथों में दे
और राजा राजा बना रहता है
इसी डोर में लगा होता है
सम्मान का माँझा
थोड़ा आदर मिश्रित भय का भी

इसलिए राजा जब दिये वचन से पीछे हटता है
तो करता है विश्वासघात
करता है अधर्म
जैसा किया था दुर्योधन ने
अज्ञातवास के पश्चात
पाण्डवों को आधा राज्य दिये जाने से इंकार कर

इस अधर्म की सजा एक राजा को मिलनी ही चाहिए
दोनों ओर की सेनाओं के बीच कहते हैं ऋषि वेद व्यास

और गाण्डीव पर तीर रख करना पड़ता है सन्धान अर्जुन को
गदा प्रहार भीम को
....अभ्युत्थानमधर्मस्य[1] तदात्मानं....
सृजित करती है ऊर्जा जन की रक्षा का सुदर्शन
बन जाता है कोई कृष्ण सारथी

हे राजा
विश्वासघात न करो
मत बरगलाओ
मत भटकाओ हस्तिनापुर के बदले खाण्डव वन की ओर
राज धर्म के बदले द्यूत क्रीड़ा के सब्जबाग मत दिखलाओ
खेत खलिहान को लाक्षागृह मत बनाओ।

---

1. (जब-जब) अधर्म की वृद्धि होती है

बुला नहीं सकते उन्हें ?

फटी जेब से जैसे कब गिर जाते हैं पैसे
पता भी नहीं चलता
वैसे ही फिसल गयी है नैतिकता
धीरे-धीरे बनाती हमें उपभोक्ता

कभी एक भाव था विरोध में भी शालीनता का
जिसके मिल जाते हैं कई किस्से
अब तो वह चुपचाप खिसक गया है
अपनी जगह छोड़ निर्लज्जता के लिए
जैसे कँटीली झाड़ियों से
दुबक जाते हैं बेचारे सरल पौधे

इस बाजार के शब्दकोश से ही गायब हो गया है त्यागपत्र
जिसे शास्त्री, सुभाष ने
जरा-सी संवेदना की छुअन पर
लगा लिया था गले

क्या हवा, पानी, धरती में तब थे कोई मित्र जीवाणु
जो रूठ गये हैं हमसे जैसे
आकाश से तारे

गायब हो गये हैं जैसे
दुकान से मोल भाव और
बाजार से
बिना खाद की सब्जी

आओ आओ कहकर बुला नहीं सकते उन्हें
जैसे मान सम्मान से
धर्म की तरह
प्यार से बुलाते थे पहले
पास चल फिर रहे मवेशियों को
रोटी देने के लिए?

राजा मन्त्री

उस कहानी में अब
मन्त्री की चालें
उलटी पड़ने लगी थीं
राजा खुशफहम था

सिपहसालार चिन्तित नहीं
तब तक
जब तक नशे में है प्रजा

हँस रहे थे वे
जिनके हाथ थे
राजा मन्त्री की
पीठ पर

माहौल अब भी बड़े उल्लास का था
बदल दिया जाना था
राष्ट्र
राष्ट्रीय पशु
राष्ट्रीय मानव!

राम

मीरा के थे गिरिधर गोपाल
दूसरो न कोई
फिर उसने पाया कैसे
राम रतन धन?

कबीर ने पाया किस राम को
जब पाहन पूजन से था परहेज?

उस राम को पाने कहाँ जाऊँ?
किस मन्दिर—
निर्मित या निर्माणाधीन?
किस मठ, किस पीठाधीश्वर के पास?
किस कचहरी, किस न्यायमूर्ति के पास?

कम-से-कम वे कह तो दें
अलंकरण के रास्ते हम बता दे सकते हैं
शान्ति और सन्तुष्टि के नहीं
अन्तर और अन्तर्यामी के नहीं

किन शिलाओं, स्थापत्य कलाओं में,
किस भूमि पर,
किस प्रांगण में ढूँढ़ूँ तुम्हें
हे अन्तर्वासी राम!

वापस लाना चाहता हूँ

पीछे जाना चाहता हूँ
ताकि वहाँ से ला सकूँ
जो छूट गया है

पोस्ट कार्ड पर
पिताजी सादर प्रणाम
ठीक से पहुँच गया
ट्रेन की साधारण सीट पर
भागलपुर से पटना
इलाहाबाद
गाड़ी रुकी, उतरकर 'पीने का पानी'
ऊपर की सीट, चादर और नींद
मिनट-मिनट पर हाल न देता था, न लेता

फिर भी उस पीछे में था कुछ
जो 'टूरिस्टर' में खो-सा गया है
उसे याद कर लगता है मीठा-सा
दोस्त-दोस्त मीता-सा

फिकर जरूर रहती थी हमारी उन्हें
फिर भी बड़ी चीज रहती थी साथ—
भरोसा
बच्चे पर

दुनिया समाज पर
मिल जाएगी धर्मशाला
खा लेगा होटल में
दे आएगा परीक्षा

साथी था वही
जिसे याद कर लगता है नरम-सा
जीवन सरल-सा

अब हर क्षण हथेली पर हैं सब मौजूद
कर ली दुनिया मुट्ठी में
पर कसता हूँ तो सट जाती हैं उँगलियाँ
उसी तलहत्थी से
फिसल रहा कुछ
जैसे फिसल रही
रोशनदान से गोरैया
दोस्त कीट पतंगे
मुँडेर से कौए

स्मृति से उतर रहा वैसे ही
सुकून
मिट रहा भरोसा
सोच कर लगता है डर-सा
असन्तुलन के असर-सा

इसलिए पीछे जाना चाहता हूँ
जो छूट रहा
वापस लाना चाहता हूँ।

वे ऐसा क्यों करते हैं

उनके उपजाए को खाकर
हम बोलते हैं
वे ऐसा क्यों करते हैं

बेटे की शादी में हुए कर्ज के लिए आत्महत्या
क्यों करते हैं
टी.वी. के लिए कर्ज के कारण आत्महत्या क्यों करते हैं
ऐसा करते हैं वे
तो क्या करे सरकार

हम कन्धे उचकाकर ये बोलते हैं
और कार, स्कूटी की सीट पर बैठे
खा लेते हैं पित्जा, बर्गर, सैंडविच
याद ही नहीं आती
ये उसी गेहूँ से बने हैं
जिसे उन्होंने ही तन-मन से उगाया है
पहले समृद्धि-सा सहेजते थे उपज के बीज घर लाकर
उसकी जगह अब कर्ज लाया है
पानी भी और बढ़ाता है जिसे
बिजली की पुकार पर
वे दौड़ते हैं खेतों में
दिन हो या रात

फिर जब मण्डियों से लौटते हैं वे टूटकर

आँखों के आगे छाये अँधेरे में
बताने की कोई भाषा नहीं सूझती
तो हार कर दुनिया को कह देते हैं
बताने की अपनी तरकीब निकाल कर

खबर का असर हम पर उतना ही है
जितना पान की दुकान पर छुट्टे पैसे भूल आने का

हम मॉल में डायनिंग टेबल पर
पूछते हैं
वे ऐसा क्यों करते हैं
और तेज 'म्यूजिक' में आवाज खो जाती है

और जिन पर है जिम्मा
वे बदल रहे हैं आत्महत्या के जमा डेटा को
कॉण्ट्रैक्ट फार्मिंग में
उनका है ऐसा ही कॉण्ट्रैक्ट
वे ऐसा क्यों करते हैं?

शर्तें

अब तो साफ बालकनी से भी
चिढ़ जाता हूँ
जैसे चिढ़ रहा हूँ लगातार
साफ-साफ सड़कों से

थाली बजाते
ताली बजाते
याद ही नहीं आया
कि जिनके हर कौर पर लिखी हैं शर्तें
उनकी चुकती थाली का क्या होगा

कि तब सड़कें साफ नहीं बचेंगी

'जमात' की शगल में हम कॉफी पी ही रहे थे
कि वे निकल पड़े जमात में
'मरनो भलो बिदेस में, जहाँ न आपुनो कोय' झुठलाने
मरने की शर्तें पूरी करने

शर्तें हमारी भी हैं
सोचने, समझने,

चिन्तित और दुखी होने की,
कि सहम तो नहीं गया हमारा बच्चा
पैरासिटामॉल देख कर
और हो तो नहीं गया कमरे में बन्द?
घिर तो नहीं गयी हमारी बच्ची
अकेले में
फ्लैट की बालकनी में
और हो तो नहीं गयी लॉक?

तब काटता है लॉकडाउन
और बालकनी की छनती धूप में
खिलती बच्चे की शकल सुहानी नहीं लगती
मिलने लगती है चल पड़े कन्धों पर ऊँघते
धूप से कुम्हलाए बच्चों की शकल से।

शाम का वो राग

आओ न थोड़ा झगड़ा करें
कहें तुम्हें चुप हो जाओ
कर रहे हैं हम बातें
तुम तब भी न मानो
वृक्षों की हर डाली, हर टहनी पर
बज रहे हों जैसे तासे
जैसे तुम्हें आज ही कर लेनी है सारी बातें

रवीन्द्र सदन के झुटपुटे में
पेड़ के नीचे
जब नादिरा बब्बर की रिकार्डिंग में
तुम्हारा ही 'चह चह' भर गया था
जब नयी सहस्राब्दि के बिगुल में
तुम्हारी आवाज भुला रहे थे हम
तुम तब पेड़ों पर बाजे बजाकर
दे रही थीं चेतावनी
शोर में संगीत का छोर पकड़ा रही थीं

रूठ गयी हो
शाम का वो राग
लेकर तुम चली गयी हो
अब वो बीजक 'सबद' बन
'रामुरा झीं-झीं जंतर बाजे'* सा

सोते–जागते गूँज रहा है
कानों में, उससे भी अन्दर—
चेतना में

आओ न, नहीं करेंगे लालच
तुम्हारे आकाश और जमीन का

आओ न
बाहों, कन्धों पर चढ़ जाओ
परिवार भर जाओ
प्यार से बातें करें तुमसे
असीसी के सन्त फ्रांसिस की तरह
कभी कहें तुमसे
''दिस इज माई टर्न टु स्पीक,
लिट्ल सिस्टर्स बर्ड्स!''

* 'मैला आँचल' से

सीता-सी प्रजा

राम!
तुमने सीता को सिर्फ तब नहीं छोड़ा था
जब प्रजा में से एक ने शंका जाहिर की थी
तब भी
जब तुम जीत चुके थे लंका
राक्षसों का कर दर्प दलन
रावण को किया था धराशायी
निशाचरों की पटी हुई लाशें
और इधर हत थे अनगिनत वानर सुग्रीव के

विनाश का यह दृश्य
सिर्फ एक स्त्री के लिए
अचानक कौंधा था तुम्हारे मस्तिष्क में
क्योंकि एक अतीत कर रहा था तुम्हारा पीछा

अतीत जिसने तुम्हें वन भेजा
खड़ाऊँ की खूँटी पर टँगी रही अयोध्या चौदह वर्ष
तीनों माताओं ने असमय भोगा वैधव्य
निरपराध उर्मिला ने चौदह वर्ष बिताये प्रतीक्षा के दीप-सा
पल-पल जलते

कारण था पिता द्वारा अपनी सुन्दरतम और सबसे छोटी रानी को
दे देना स्वच्छन्द अधिकार
यही तो था मुँह माँगे वरदान का वचन

जिस रानी ने सबसे ज्यादा रखा था राजा को उलझा
अपने सौन्दर्य में
कौशल में भी
उसके हाथों वल्गा छोड़ दी थी राजा ने
एक राजा का
राज धर्म और निज सम्बन्ध के बीच असन्तुलन
और भावावेश में गलत निर्णय

और अब इस लंका युद्ध के पीछे भी कहीं कहा न जाए
राम का पत्नी सीता के लिए मोह

बताते हैं वाल्मीकि
इस लांछन से अपने को मुक्त रखने
तुमने कहा सीता को—
मैंने नहीं किया युद्ध तेरे लिए
तुम जा सकती हो कहीं
किसी के पास मेरे सिवा
सिर्फ निर्वाह किया क्षात्र धर्म का
आततायी रावण का किया वध
बस उसे सजा देने को

शंका की ज्वाला में जली सीता
मातृत्व के नाजुक पलों में राज निष्कासन
और अन्त में स्वाभिमान की वेदी पर
धरती में कहीं मृत्यु वरण

पिता के उस कदम की छाया ने
राम के निर्णय पर डोरे डाले
और
न्याय पर लगता रहा प्रश्न चिन्ह

मोह स्त्री का हो, अपने जन का या सत्ता का
राजा के एक असन्तुलित कदम की छाया

पीछा करती है विवश प्रजा का
दुख की लम्बी कतार-सा खड़ा होता है कष्टदायी समय
कतारों में गँवाता जीवन
राष्ट्र की दुहाई
और बिजली से कौंधे आक्रमण की मीठी चाशनी में
घुल जाती हैं शेष चिन्ताएँ
पेशानियों पर कटुता की नयी-नयी दहशत भरी रेखाएँ
भटकते हैं 'कल्याण' के रास्ते
निश्चितता पाती है स्वयं को
कटघरे में
और प्रजा ठगी गयी सीता-सी।

हे संजय

मैं सत्ता मोह से क्यों च्युत हो जाऊँ
हे संजय!
क्यों मुक्त हो जाऊँ पुत्र मोह से
वो तो मिला है मुझे विरासत में

पितामह शान्तनु
स्त्री मोह में, कहो काम लिप्सा में
भूल गये राज धर्म
'मैं आपसे विवाह करूँगी इस शर्त पर कि
मेरे किसी कार्य से आप मुझे रोकेंगे नहीं'
और आतुर शान्तनु ने दे दी अनुमति उन्मुक्त स्वच्छन्दता को
राजा पर हावी हो गया व्यक्ति

राजा की सन्तान पर प्रजा के अधिकार का हनन!
एक-एक कर सात पुत्रों की गंगा द्वारा उन्होंने हत्या देखी संजय!
हर हत्या के बाद पुनः उत्पत्ति
हे शान्तनु!!

फिर आया तात भीष्म का पितृ मोह
पिता की कामना पूर्ति के लिए आजीवन ब्रह्मचर्य!
एक बार फिर छली गयी प्रजा

राजकुमार की सन्तान पर
अपने अधिकार से हुई वंचित

तो फिर मैं राज काज को अन्धा होकर
कैसे न चलाऊँ
अन्धा तो मैं जन्म से ही हूँ
अब पुत्र मोह में सही

ये परम्परा चलेगी संजय!
चलती रहेगी
राजा ही नहीं प्रजा को भी अन्धा किया जा सकेगा
जाति,
राष्ट्र सुरक्षा,
धर्म रक्षा के नाम पर,
कंगूरों पर पताका दिखा कर,
गढ़ कर विधान के अपने अर्थ
होंगे उत्सव
समस्याओं के सारे कटु सत्य को
धर्म के सारे अर्थों को
तथ्यों को
दरकिनार कर
प्रजा को हाँक लिया जाएगा

और जीवित रहेगा तुम्हारा
अन्धा धृतराष्ट्र!!

एक मौत का हिसाब

वह सिर्फ एक की मौत नहीं
कई की होती है
और हर कई का दर्द होता है—
फिर कई का

एक मौत के असर का
इससे हिसाब लगा सकते हो

ऐसा
सिर्फ सच बोलने वालों की मौत पर ही
नहीं होता
उसकी मौत पर भी होता है
जिसकी कीमत
एक अदद इंसान से ज्यादा नहीं
बस वह अपनी पसन्द का रोजगार कर रहा होता है
या
कुछ खाना चाहता है
अपनी पसन्द का।

जीवन की करो गिनती

इससे पहले कि अँधेरा पोत दे काला रंग
सफेद रोशनी पर
फैला जो है उजास
उसकी बातें करो
अँधेरे की बूँद को समुद्र मत बनाओ

इससे पहले कि मृत्यु अपने को बदल दे शोर में
गीत गाओ, सुनाओ
जीवन की रागिनी गुनगुना रही है
श्रवण के सारे द्वार खोलो
कैनवास भरा है सुर से, संगीत से
मौत के छींटों को बड़ा मत बनाओ

विषाद का आनन्द लेने वाले
जिजीविषा पर कर दें हमला
इससे पहले
उलट दो गणित को
जीवन की करो गिनती
रिक्ति को सम्पूर्ण पर मत बिठाओ।

रधिया दाई

कोई बोले, न बोले
करार हो, न हो
पर्व त्यौहार पर अचानक
आँगन ओसारा जरूर धोने लगती है
रधिया दाई

कोई रोके या टोके तो
उसकी बातों को
शान्ति और स्थिरता के साथ
झाडू. से सिहार देती है
रधिया दाई

'परब में ना धोऐतै?' बोल देती है
और बूढ़े, काले हाथों से
परम्परा की लौ बचाती हुई
भर बाल्टी पानी उढ़ेल देती है
रधिया दाई

सादे जल से भर देती है घर में रंग
हमारे आँगन ओसारे को करके आर्द्र
खुद सूखी रोटी और सब्जी
आँचल में बाँध
खुशी-खुशी चल देती है
रधिया दाई।

अनन्दी महतो की कुदाल

एक कविता की ललक पैदा करती है
अनन्दी महतो की कुदाल
जब पड़ती जाती है
सब्जी के खेत की भुरभुरी मिट्टी पर

मेहनत से ज्यादा कला है
अनन्दी महतो की कुदाल
कला या जादू?
जादू है
अनन्दी महतो की कुदाल

पौधों की क्यारियों के बीच चलती है कुदाल
उलट-पुलट होते हैं मिट्टी के टुकड़े
कब पड़ जाती है उनपर उल्टी कुदाल
कब मिट्टी को खींच लेती है कुदाल
और कब अचानक
बेतरतीब बिछी मिट्टी
यहाँ से वहाँ तक
सजी दिखती है पौधों की जड़ों में
खाली टाँगों वाले बच्चों को
झट से पहना दी गयी हो भूरी पैंट जैसे—
फरफराते हरे शर्ट के नीचे

जैसे पौधों को बना दिया गया हो फूल
जैसे बिखरे शब्दों से बना दी गयी हो कविता
कुदाल चलाता है अनन्दी महतो या कलम?

पूरी धरती पर ऐसे ही सिरजन करते हैं
कितने-कितने अनन्दी महतो
मटमैले, झुर्रियाते चेहरे वाले अनन्दी महतो।

काम से लौटतीं औरतें

काम से लौटतीं औरतें
रहती हैं जल्दी-जल्दी में
आपस में बतियातीं, हँसतीं
खुशी-खुशी शाम के लिए कुछ खरीदतीं
चेहरे पर समेटे
मेहनत घुली शाम का धुँधलका

काम से लौटतीं औरतें
कमर कसे, दिन भर
सिर पर ढोती हैं ईंट
छर्री की बोरियाँ
हँसते-हँसते पटक आती हैं छत पर
नहीं सोचतीं
दिहाड़ी मर्दों से कम पाती हैं

काम से लौटतीं औरतें
ऑटो की पिछली सीट पर
लद जाती हैं
सिमेण्ट की बोरियों की तरह
मानो अभी भी सजा रही हों श्रम

काम से लौटतीं औरतों के
आँचल की गाँठ में

पक रहा है रात का चावल
पक रही है दाल या सब्जी
सिली जा रही है
मुन्नी की कुरती, सलवार
लिखा जा रहा है
बच्चों की स्लेट पर क ख ग

काम से लौटतीं औरतें
लौट कर
फिर लग जाती हैं काम पर
आँगन में सिझाती हैं भूख
सहती हैं दारू की गन्ध
मारपीट

काम से लौटतीं औरतें
मेहनत से और मार से भी
रह लेती हैं खुश
कल सुबह
फिर चल देती हैं काम पर।

कुम्हार भाई

दो रुपये में एक सही
कुम्हार भाई!
तुमने बचा तो रखे हैं दीये
बिजली की चकाचौंध में जिसे हम भूल रहे हैं

तुमने बचा तो रखा है चाक
बचा तो रखा है चाक को घूमता देख
कौतूहल भरा मेरा बचपन
हल्दी नमक लाने के बदले
ठगा-सा खड़ा हो जाता हुआ
भूल कर माँ का दिया काम
भूल कर धूप-पसीना
देखता रहता तुम्हारे पसीने का खेल
चू रहे अधनंगे काले बदन से
भिगोते अधचढ़ी धोती को
और उँगलियों से जादू करते तुम
कैसे मिट्टी ऊपर चढ़ती जाती और बन जाता गिलास
फिर तश्तरी कैसे बन जाती
तश्तरी बनती है तो फिर सुराही कैसे?
क्या बदल देते थे तुम?
कैसे रच देते थे
बाएँ हाथ में सूते सा क्या था?
जीवन तत्व?
और फिर तुमने घुमा दिया चाक तेज-तेज
घुमा दी तुमने धुरी पर पृथ्वी

घूमने लगा ग्लोब
पूरा होने लगा समय चक्र
जीवन चक्र
तुम्हारे सृजन से
बदलने लगीं ऋतुएँ
ग्रीष्म, वर्षा, शरद
दे दिया तुमने जीवन

कुम्हार भाई!
तुमने बचा रखे हैं
मिट्टी के हाथी, घोड़े, परियाँ
मिट्टी का चूल्हा-चौका
बचा रख रहे हो तुम हमारा घरौंदा
जिन्हें हम तोड़ रहें हैं,
हम अब ग्लोबल हो रहे हैं
और पूरे ग्लोब में
घरौंदे के लिए जगह नहीं छोड़ रहे हैं

कुम्हार भाई!
जब तक चाक है
तभी तक हम बच्चों को समझा सकेंगे
माटी कहे कुम्हार से...
तभी तक समझा सकेंगे
गुरु कुम्हार शिष कुम्भ
वरना सहारा और चोट देकर
बच्चों को बड़ा करना हो जाएगा गुम

कुम्हार भाई
तुम हो, दीये हैं
तभी बची है
स्नेह से जलती प्यार की लौ

दो रुपये में एक सही
कुम्हार भाई
तुमने बचा तो रखे हैं दीये।

धन्यवाद भूल गया हूँ

सुबह उठते ही
धन्यवाद देता हूँ अस्तित्व को
आज की साँस मैं ले रहा हूँ
रह रहा हूँ अच्छे कमरे में
सुबह-सुबह गीजर ऑन कर
गरम पानी पा लेता हूँ
सब कुछ अच्छा हो रहा
धन्यवाद देता हूँ और
ठिठक जाता हूँ
आन्दोलन के पचासवें दिन
एक सौ इक्कीस किसान मारे जा चुके हैं
फुटपाथ पर किसी ने चाय दुकान की
चूल्हे की राख देखते रात काटी है
इसी जगह
जहाँ अच्छे दिन की मियाद बढ़ती जा रही है
बड़े-बड़े आका जहाँ हैं मेहरबान
कर रहे हैं अच्छे-अच्छे करार
जो फिर उनपर थोपे जा रहे हैं जो
पानी की तेज धार और
ठण्ढ की ठिठुरन मिला देने से भी अडिग हैं
धन्यवाद भूल गया हूँ
स्कूल के दिन याद आ रहे हैं
सत्रह सौ नवासी पढ़ाते

शिक्षक बोल रहे हैं
हर क्रान्ति के अन्तर्निहित कारण होते हैं
पर होते हैं कुछ प्रत्यक्ष और ज्वलन्त कारण।

अच्छा है कि सच कहें

कहना आसान है
तुम जैसी हो
वैसी ही रहो मेरे पास

तुमको मैं पाना चाहता हूँ
बस तुम्हारी तरह

मालूम नहीं होता
पर है यह
तारे तोड़ लाने जैसा
यहाँ तक कि
आग की दरिया में कूद जाने जैसा

इससे अच्छा है कि
दूर तक चलने के लिए
सच कहें
कि तुम बनो थोड़ा मेरी तरह
क्योंकि तुम मुझसे प्रेम करती हो
और जो थोड़ा तुम नहीं बन पाओगी
उतना मैं बनूँगा तुम्हारी तरह
क्योंकि मैं तुमसे प्रेम करता हूँ
जो बचेगा मेरा
घोल दूँगा इसी प्रेम में
जैसे अपना बचा तुम घोल दोगी।

विषुवत रेखा-सा

तुम ऐसे आ गये धीरे-धीरे पास झुकते
जैसे पृथ्वी झुकती है सूर्य की तरफ संक्रान्ति के बाद
और टिक गये
जैसे टिकती है धूप
उत्तरी ध्रुव पर महीनों के लिए

तुम्हें फिर जाना नहीं था
छोड़कर अँधेरा उस ध्रुव पर

ऐसा शायद इसलिए हुआ
कि जरूरी रहता है प्रकृति को
अपने नियम समझाना
ताकि सब जी सकें
'सुखदुःखे समे कृत्वा' में
रह सकें तटस्थ
जैसे रहती है गतिमान होकर भी विषुवत रेखा।

प्रेम

हो तो जाता है
पहली नजर में प्रेम
फिर भी होने के लिए
धैर्य माँगता है प्रेम

धैर्य काँटों पर पैर रख
चलते रहने का
हवा करते हुए जख्मों पर
उसे पालने का
पहले टीस से प्रेम माँगता है प्रेम

सरदियाए मौसम की ठण्ढ में
चिंगारी को आग में बदलने में
जिस धीरज से फूँक लगानी पड़ती है
तब भी जब चिंगारी दिखती भी नहीं
बन जाना पड़ता है साधक
वैसे ही शून्य में करते जाना पड़ता है
उत्सर्ग
बार-बार लगातार

समय माँगता है प्रेम
धरती के नम होने का
नम मिट्टी में बीज के टिकने का

फिर अँकुरने का

आप टिक सकेंगे तब तक
तो उग जाएगा प्रेम
टिकने तक।

बादल से ढँक जा रहा चाँद

बादल से ढँक जा रहा चाँद
जैसे ढँक जाते हैं रिश्ते
तफरके की ओट में

उजले चाँद को स्याह कर रहे
धुँधले बादल
जैसे सफेद मन पर
पड़ रही चोट काले शब्दों की

तारे हैं गायब
जैसे डरकर छिप गये हों
सारे मुलायम भाव

नींद हो गयी छोटी जितनी भी
लम्बी है बहुत
तब तक यादों से रखने के लिए
महरूम।

असम्भव के विरुद्ध

चींटी जब अट्ठारहवीं बार में
चढ़ गयी थी दीवार पर
उसे नहीं पता
इस बार क्या हुआ जो ये हो गया
हवा बह गयी थी अनुकूल
उसे नहीं पता

ऐसा कभी नहीं होता
कि कभी-न-कभी अनुकूल हवा न बहे—
बस
चींटी ने बाँध ली थी गाँठ 'बार-बार लगातार' पर

जब लगता है असम्भव ने लगा दी है मुहर
तब बिलकुल सम्भव है अरुणिमा, लक्ष्मी
और मसुदुर रहमान हो जाना
एवरेस्ट का सिर नवा देना
लहरों को जीत लेना
जज्बे की बदौलत
नीचे धकेल देना काले इरादों को

चमत्कार जिसे हम कहते हैं
शंका के कुहासे से
ढँका रहता है सच-सा

परिणाम–सा
कब, कहाँ
पता नहीं
और जलती लौ से
'असम्भव' हार जाता है

आग-सी जलती है कविता

नागफनी के काँटों-सी आती हैं पंक्तियाँ
फूलों-सी नहीं उगती है कविता

जीवन के आनन्द जैसी हो गयी है दूर
जेल की कोठरी जैसी चुप
उदासी, वीरानगी जैसे आते हैं शब्द
उमंगों से नहीं सजती है कविता

मन के थकान की पर्याय
कर्तव्य जैसी सख्त
पीड़ा जैसी अपनी
अँधेरे-से उगते हैं अक्षर
राग नहीं गाती है कविता

हाँ, उम्मीदों की धूप से महरूम
काँटों से घिरे घर में
ग्रहण के सिलसिलों के बीच
हाथ में कोई हाथ नहीं हो जब
वक्त साथ नहीं हो जब
साथ नहीं छोड़ती है कविता

चुप्पी की निर्जन गुफा में
स्तब्ध जो खड़ा अकेला
खो देने वाली दिवा रात्रि में
दोस्त-सी गले लगती है कविता

अथक यात्रा के बाद
झुर्रियों के पड़ाव में
रिश्ते ठहर गये हों जब
काँपते हाथों के बीच
लाठी-सी आ खड़ी होती है कविता

ऐसे शब्दों के समूह
बरबस आ रहे हों जब
जिजीविषा खा रहे हों जब
पानी हो रहा हो सबकुछ
तो आग-सी जलती है कविता।

ईश्वर

हम मनुष्य हैं तो
ईश्वर है
श्रेष्ठतम मनुष्य—
                    सुन्दर आँखें
                    सुन्दर चेहरा
                    सद्‌गुणों का सुन्दर समुच्चय

जब मनुष्य नहीं थे
डायनासोर थे
तब ईश्वर रहा होगा
श्रेष्ठतम डायनासोर

या साँपों के लिए
ईश्वर होता होगा
श्रेष्ठतम साँप

या मत्स्यों, कूर्मों, वाराहों के लिए
होता होगा
श्रेष्ठतम सर्वगुणसम्पन्न मत्स्य, कूर्म, वाराह

ऐसे ही बदलता होगा ईश्वर
तो फिर ईश्वर कौन है?

इससे भी तो समझो
ईश्वर क्या है?
समझो अर्थ
सुन्दरम्, सत्यम्, शिवम् का।

कारीगर

खुट खुट खट खट खट खटाक खटाक
निरन्तर
बस अकेले
जैसे साधक
अँगुलियों पर फेर रहा हो
माला के दाने,
रुद्राक्ष की लकड़ी पर
अँगुली की ठोकर जैसी
पड़ रही है—एक-एक कर
काँटी पर हथौड़ी की चोट
काठ से काठ जुड़ता जा रहा है
और बाईस वर्ष का कर्मयोगी
सृजित करता जा रहा है आकार
जैसे कला और मेहनत
चिढ़ा रही हो मशीनों को
खोल रही हो
फर्नीचर के बड़े-बड़े शो-रूमों के भेद

पहले तीन आये
फिर रह गये दो
और अब बस अकेला शाहरुख
कारीगर शाहरुख के हाथों बन जाती है
राधाकृष्ण, शिव पार्वती

की पोशाक रखने की जगह

रन्दे, काँटी और हथौड़ी
की अनवरत ध्वनि
अवस्थित हो जाती है निष्कम्प ज्योति–सी
जैसे तपस्वी ने बदल कर ध्वनि को प्रकाश में
अन्तर में जला लिया हो दीप

दिन भर का निर्विकार चेहरा
एक बार शाम में मुस्काता है
और चैनलों पर दौड़ती दराज
खिलखिला उठती है
जैसे हुनर ने दे दी हो चैलेंज
जैसे मेहनत ने खिला दिया हो फूल।

थोड़ा-थोड़ा सब

...और उससे मिला प्यार
जो धो जाता था कपड़े
साबुन पानी से धोना सिखाकर
साफ सुथरा किया अन्तर तक

उससे भी
जो दे जाता था रोज सब्जी
आँखों में भरता हरापन

मुझे आशीष दिया दूधवाले ने
मदद दी
चित्त को करने में दूध-सा उजला

चमकना सीखा
चर्मकार का चमकाना देख
अपने जूते, चप्पलों को

काम पर आने वालों ने
मिलवाये घड़ी के काँटे

थोड़ा-थोड़ा सब ने मिल बनाया मुझे
माता-पिता
सगे-सम्बन्धियों के अलावा

जैसे थोड़ा-थोड़ा रहते हैं शामिल सूप, कुआँ, मिट्टी
परम्परा में,
ठाकुर, मामा, फूफा
रीति-रिवाजों में

अब थोड़ा-थोड़ा रख सबको
दे सकता हूँ
मैं कितना थोड़ा-थोड़ा
खरचता हूँ खुद को
कैसे थोड़ा-थोड़ा ?

लेनिनग्राद अब बदल जाएगा पीटर्सबर्ग में

लेनिनग्राद अब बदल जाएगा
पीटर्सबर्ग में
मजदूरों के लिए पोस्टर बनाते वक्त
सामने रखे दूध के गिलास को
रात-रात भर नहीं छू सकने वाले को
नकार दिया जाएगा

ओ देवता!
धर्म के प्रति तुम्हारी अनास्था पर
मेरा तुमसे विरोध है
पर मानवता के
लिए तुम्हारी चिन्ता का विरोध
कौन कर सकता है?

कौन भुला सकता है
विश्व समुदाय की गति समझने के लिए
दी गयी आलोक दृष्टि!

मार्क्स!
तुम 'दास कैपिटल' लिखते रहे
भूखे, प्यासे
गिरते रहे, बेहोश होते रहे

आज रूस के लोग
सब नकारना चाहते हैं
लेनिनग्राद को पीटर्सबर्ग में
बदलना चाहते हैं

मनुष्य के इस स्वरूप को क्या कहूँ?
क्या करूँ
हत हृदय और भरी आँखों से
इसे
देखते रहने के सिवा?

तुम तो अब भी कह दोगे इसे
लॉ ऑफ नेचर
डायलेक्टिक्स!
पर क्या नजर नहीं आती
लोगों की विवेकहीनता?
सापेक्ष होते हैं सिद्धान्त
पर सम्पूर्ण जन-जीवन को
दिशा देने के लिए
पूरे जीवन का आत्मोत्सर्ग
सापेक्ष नहीं होता

ओ साथी!
मनुष्य को आदत है
अफीम खाने की
धर्म अफीम नहीं था
तुम भी अफीम नहीं थे
पर उन्होंने वैसे ही खाया—
धर्म को भी
फिर तुम्हें भी
और वैसे ही खाएँगे
तुम्हारे नकारे जाने को भी

लेनिनग्राद बदल जाएगा पीटर्सबर्ग में
पर क्या
काल के पृष्ठों से मिट जाएगा
उन्नीस सौ सत्रह?

अजनबी वक्त

रोशन दान में तिनकों की भीड़
और भी घनी हुई है आज
चिड़िया चुप नहीं बैठी

नम दूबें छू रहीं तलवों को प्यार से आज भी
सुबह-सुबह

सूरज ने पैर डाले आज भी बरामदे में
उजली गरमाहट छू रही पहले जैसी

सोचना बन्द नहीं किया कविता कहानी ने
रची जा रहीं पहले जैसी

भैरवी विराज रही कण्ठ में
रोज की तरह

रात होगी
रुक जाएगा सब
नहीं सोचता कोई फिलवक्त

आएगी रात गुजर जाएगी
जैसे गुजर जाएगा ये अजनबी वक्त!

स्त्री

सागर बन
स्वयं अपनी गहराई में पैठी है स्त्री
लिए अथाह प्यार, वरदान
कि इसका स्वयं उसे नहीं पता
जैसे विशेषण को संज्ञा का नहीं पता
जैसे नहीं पता भाववाचक को व्यक्तिवाचक का

बोल कुछ देगी, होगी कुछ स्त्री
ठहरो थोड़ा
तो उन्हीं शब्दों में मिल जाएगी
प्रेम से भरी स्त्री
शब्दों का समूह बौना हो जाएगा
स्त्री के दो एक शब्द के सामने
जैसे प्रथम रश्मि के फूटते ही
दीपक हो जाता है बौना

खुलने दो उन शब्दों को
जैसे चूजों के पंख खुलते हैं घोंसलों में
थोड़ा वक्त लेकर

ध्वनित होने दो स्त्री का मौन
भर जाओगे प्रणव से

धैर्य अपने अर्थ खोल देगा

जब उसे लगाओगे
स्त्री को हृदयंगम करने के इन्तजार में

स्वर्गिक शब्द का अर्थ है सिर्फ स्त्री के पास
प्यार के हर शब्द से ऊँची है स्त्री।

स्नेह

बड़े अपार्टमेण्ट के अन्दर
इस फ्लैट की टेक्शचर्ड रंगीन दीवार को
मन करता है
खुरच दूँ यहाँ से वहाँ तक
लगी सिमेण्ट उचाड़ दूँ
बस दिखें केवल ईंटें
और जोड़ें भरी दीवार
जैसी दिखती थी
मेरे और गोत्र की बहनों के घरों के बीच
जिससे आर-पार होती रहती थीं
प्यार और मनमुटाव की आँख मिचौलियाँ

हम जोर से चिल्लाकर
'ये किताब है क्या' पूछ लेते थे
'एक टुकड़ा नीबू है?' माँ पुकार लेती थी
'हींग होगा दीदी?' पूछ लेती थी चाची

अब भी नीबू के टुकड़े में
हींग की झौंक में
आपसी लेन-देन की वो मीठी झाँस खोजता हूँ
सोचता हूँ
कौन छीन ले गया वैसी माँ, चाचियों को
शायद हर ले गया नये बाजार का रावण उन्हें

बिना उनके लक्ष्मण रेखा लाँघे ही

इसलिए आज फोन मिस होने पर
बहनों ने जब किया उलाहने का आदान-प्रदान
'भैया को कुछ होश कहाँ रहता है?'
तो बहुत पीछे चला गया मन
यही तो तब भी कहती थीं
जब वापस धर देती थीं
किताब, कॉपियाँ, ओढ़ना
उसी आँगन में भूल आने पर

काल की जहरीली हवाओं के बाद भी
किसलय भरा पौधा वैसा ही खड़ा है
घुप्प अँधियारे में भी लौकता है उजास
स्नेह का दीया जल रहा है।

घोंसले में प्यार

जैसे बेली में होती है भीनी खुशबू
चाँद में उजली नरमी
बयार में नींद
बौर में महँक
छुईमुई में लाज

जैसे घोंसले में होता है प्यार
हेमन्त में कोंपल
तितली में अबोध रंग

वैसे ही बेटी में होता है कुछ
इन सबका मिला हुआ

एक पराग होता है उसमें
जो उसके फूल बनने से पहले,
कली बनने से भी पहले से
उसमें होता है
और झरता रहता है।

काँच की रंग-बिरंगी गोलियाँ

काँच की रंग-बिरंगी गोलियाँ
किसी हलके गोंद से थोड़ी चिपकीं, थोड़ी छिटकीं
बिता लेती हैं कुछ वर्ष साथ-साथ
ज्ञान के आँगन से मिलती
डाँट और थपकियों के बीच
हँसतीं, खिलखिलातीं
खुशियाँ बिखेरती हैं रंगों की तरह

काँच की रंग-बिरंगी गोलियाँ
दौड़तीं, टकरातीं
पन्नों, किताबों से भविष्य बुनतीं, गुनतीं
केन्द्र से धीरे-धीरे चलती जाती हैं
अपनी-अपनी परिधि की ओर
जुड़ी रहतीं फिर भी
अदृश्य रेशमी धागों से

काँच की रंग-बिरंगी गोलियाँ
अपनी-अपनी परिधि पर
फिर बन जाती हैं केन्द्र
बसती हैं
बसाती हैं नया वृत्त
केन्द्र से बाँटती हैं

प्यार, ममता
जीती हैं जिम्मेवारियाँ
बुनती हैं रिश्ते

काँच की रंग-बिरंगी गोलियाँ
अब भी छिटकाती हैं रंग
तब की तरह
गढ़ती हैं रंगों का नया संसार
रचती हैं रंग-बिरंगी नयी गोलियाँ
उन रंगों से नहाता है जग
भरा पूरा होता है
और समझने लगता है उन्हें महज काँच
दुर्बल, भंगुर

काँच पर पड़ते हैं आघात
आघात सहती हैं गोलियाँ
चाँद की नरमी को तकतीं
सूरज की गर्मी पीती हैं गोलियाँ

काँच की रंग-बिरंगी गोलियाँ
काँच हैं
पर सघन हैं
ठोस भी हैं
इन्हें महज काँच मत समझो
गोली हैं ये गोलियाँ!

अर्थ अयोध्या काशी कैलाश का

मैं नहीं जाता केदारनाथ, बद्रीनाथ
ना रामेश्वरम ना द्वारिका
वैष्णो देवी न मानसरोवर
पर मुझे अधिकार नहीं
कि माँ को भी न ले जाऊँ
अधूरी रह जाने दूँ
उसकी कामना मन्ता पूरी करने की

मन्नत को मन्ता कहती वो
जड़ देती रक्षा कवच
जब पिता बीमार पड़े
भाई की नौकरी नहीं लगी
गिरवी मकान के हड़प लिए जाने के दिन आ गये
हम भाइयों की जब-जब मैट्रिक की परीक्षाएँ आईं

मन्नतों को उसने पूरा किया बस शहर के बूढ़ानाथ घाट जाकर ही
रिक्शे पर ले जाकर कभी मुझे, कभी पिता को, कभी भाई को
सुनती हुई अपनी धर्मभीरुता पर हमारी नरम झिड़कियाँ
छितनी, डलिया में समेटे अपना दृढ़ विश्वास

उम्र के इस मकां की ईंटें गिरती हैं
टूटकर जब तब
उसके कर्ज के भार से

गहन हो जाती है लड़ाई
बीते समय से
तब के अपने ही अन्दर के अवरोधों से
लगती है बार-बार चोट

अर्थाभाव में बनाई उसकी पनछोछर सब्जी का स्वाद
और गाढ़ा होता जाता है

समय के साथ
धुँधली न होकर साफ होती जाती है
उसकी स्मृति
और
निरर्थक होता जाता है और भी —
अर्थ—चारो धाम का
अयोध्या, काशी, कैलाश का।

गुम गयी चाबी

वो चाबी कहाँ है
जिससे खुल जाता है ताला वैसे समय का
जिसमें लगती है बाजी
थूक फेंकाफेंकी की
धागे और ढेलमस्से की

जब बनाया जाता है चोर सहोदर को भी
बन्द कर उसकी आँखें
पर तुरत लड़-झगड़ लिया जाता है
उस दूसरे से जो छू भर दे उसे

जिससे दाढ़ी पक जाने पर भी
छोटा बना रहता है मुन्नू या छोटू
और छह दिनों भर बड़ा
बना रहता है भैया

चाबी गुम गयी है
और बिना सूचना के पहुँच जाती है टीस जब तब
बिना किये खयाल समय और जगह का
जैसे लटाई के धागे का माँझा
खच से ससर गया उँगलियों से

छोड़ता हुआ लाल दाग

जैसे गोलियाँ कंचे की,
जिनकी गिनती में होती थी गलती बार-बार
पढ़ाई में अव्वल रहने पर भी,
अब बन गयी हैं काँच तीखी नुकीली
और जरूरत पड़ जाती हो 'बैंड-एड' की

जैसे जबरन घुमाते
कुंजी ताले में
हो रही हों घायल उँगलियाँ
जब तब
और कराह रहा हो समय
आज का।

वे होते

कोर से कोर फूलती है रोटी
तो माँ की याद आती है
याद आती है आटे की चिड़िया, तवे पर सिंकी हुई

कभी जब रोटी बन जाती है पाइप
और उससे सुड़क ली जाती है चाय
माँ के समय की याद आती है

अब जब स्वाद के लिए खाया जाता है
अचार में मिलाकर प्याज, पानी और नमक
माँ और साथ के दुरूह समय की याद आती है

माँ की छोटी सी लिस्ट
और पिता का चुप रह जाना
माँ की बेचारगी और
पिता की लाचारी याद आती हैं

अभी जब शौक से
कम तेल, ज्यादा पानी देकर
बनाई जाती है सब्जी तो
उसी में स्वाद लेते भाई,
ईंटों वाला आँगन और चौकी याद आते हैं

अब जब तेल है, घी है, हर महीने लिस्ट है,
'फैन' है, टाईल्स हैं
और भी है कुछ-कुछ,
बहुत कुछ ....तो
माँ का पुण्य
पिता का धर्म याद आता है
याद आता है—जिन्होंने दिया
वे होते...
और कुछ नहीं तो
आपाधापी का अपना समय
स्लाइस-स्लाइस-सा हम उन्हें दे देते!

फूलखोंसी

मुझे बेचैन कर रखा है एक शब्द ने

क्या इसलिए कि
इसमें घुले हैं सामूहिक थिरकते कदम

कि इसमें दिखता है
घने, चमकीले केशों वाले
जूड़े का श्रृंगार

या इसमें है कृतज्ञता
उपकार के लिए
जो वृक्षों, जंगलों ने किया
हमारे जीने के शैशव काल से

या है धरती, पानी, हवा के साथ
आदिम रिश्ते के
गठबन्धन के लिए
पाहन द्वारा बाँधे जाते धागों
की मजबूत पकड़

या प्यार
जिसके लिए
ले लिये गये सखुआ के फूल

और कर ली गयी
फूलखोंसी

मुझे मदहोश कर रखा है सरहुल के इस शब्द ने
अपने नशे से!

महुआ—एक

भिनसारे ही पढ़ लेता है अखबार
और हर सुबह
बहुत आँसू गिराता है महुआ—टप टप टप-टप

भर-भर झोली फूल उसने बाँटे थे
जिनको देने खुशबू
और सुनने किलकारी
वो अब हो गये हैं नशे में चूर

चुनने की आदत उनकी
बदल गयी है लूटने की आदत में

रोज ये खबर पढ़ता है महुआ
और सबुज, पीले आँसू
गिराता है—टप टप टप!

महुआ—दो

तुम तो लुटाते रहे हो अविराम
पर तुम्हें पता नहीं
इसी अदा पर
लगती है तुम पर बोली
सिलसिला शुरू हो जाता है
एक खेल का
पैसा-पैसा खेलते हैं
ठेकेदार, भट्ठी-मालिक, साहेब

पर लोका गोटी, कुम्बा-कुम्बा खेलने वाले*
अब तक खेल रहे हैं वही

बस तुम लुट रहे हो अविराम।

* आदिवासी बच्चों के खेल

महुआ—तीन

छोटी-छोटी
पीले नीबू के रंग की आँखें
कटहल के छोटे कोये-सी आँखें
बिछी पड़ी हैं
यहाँ से वहाँ तक
कितने कुणाल जख्मी हुए हैं
बलात् अन्धे किए गये हैं
रानी के हाथों
शान्ति का सन्देश लेकर निकले
महेन्द्र, संघमित्रा की अनुपस्थिति में

राजा को पता नहीं
विश्व में शान्ति सन्देश
और घर में हिंसा

अब
राजा की मुहर
चोरी नहीं जाती
छोटे-छोटे मुहरों में बदल कर
बाँट दी जाती है
देश प्रदेश में—
हिंसक, चालबाज हाथों में।

वन पुत्रो

तुम्हें छूकर जो चलती है हवा
सहज हो जाती है
मिलती है निश्छलता की गन्ध
जब तुम मिल जाते हो

तुम हो तो
प्रकृति बाकी है अभी
पेड़ों के पत्ते तुम्ही तो हो,
हरीतिमा लिए
साँसें दे रहे हमें

अब भी
लय और ताल की तुम्हारी रातों में
बिन रही है परस्परता, एकता, एकसूत्रता

सरना, सरहुल, करमा में
तुम पोसते हो हरियाली को

अपनी कमजोर आँखों, पके बालों के साथ
लाठी पकड़ के चलते हुए
जब मैं देखूँगा
ऐसे ही दिखोगे तुम मुझे वन पुत्रो ?

टुइला, तुरही के शब्द ऐसे ही
तुम्हारी निश्छलता गा रहे होंगे ना?
अखरा, धुमकुड़िया और घोटुल
इतिहास के पन्ने तो न बन जाएँगे?

क्या हो सकता है एक प्रयास
कि चाँद और मंगल की दौड़ में
शामिल रहकर भी
तुममें बची रहे पृथ्वी?

किसी तारीख में नींद

सम्भव रह नहीं जाता
समाना आँखों में नींद का
जब आँखों को खाली न करते हों सपने

समय का कोई छोटा-सा टुकड़ा
अचानक जब झरता है
आशीष-सा,
आशीष की समृद्धि, समृद्धि का सुख
हर लेता है नींद

एक वजूद घुलता है हवाओं में
बन कर साँसें
धड़कने लगता है अन्दर
धड़कनों पर रखे हाथ
बीत जाता है पहर रात का

एक आकार ले लेता है
विस्तार क्षितिज का
आँखें निहारतीं क्षितिज को
झपक नहीं पातीं

ऐसे बीतता है किसी तारीख पर
वो समय
जिसे कहते हैं
समय नींद का।

हवा वहीं ठहरी है

वो हवा वहीं ठहरी है अभी तक
और छूती है रोज
लगभग रोक लेती हुई-सी
जब गुजरने लगता हूँ वहाँ से
जहाँ उस दिन गुजरते आ गया था फोन तुम्हारा
और थोड़ी देर के लिए आस-पास
चम्पा के फूल खिल आए थे
अपनी साँस में समेटते हुए
कई-सा हरा रंग ओढ़ लिया था धरती ने
और कोपलें निकल आयीं डालियों में

जो प्राण को सुहाना कर देता है
लिपे हुए आँगन-सा
और नये पुआल से सजे घर-सा
जुगनुओं से पाट देता है आकाश को
और भीगे दूबों से भोर
बौना करके कलह सारा
खुशबू के इस ठहराव और
रंगों के ऐसे रुक जाने के लिए
हवा के ऐसे ठिठक जाने
और रचना के खिलखिलाने के लिए
तुम्हें, मुझे
और दुनिया के तमाम लोगों को
प्यार करना चाहिए।

आओ मोमबत्तियाँ जलाएँ

सुनसान रात में
थोड़ी हवा भी साँय-साँय लगती है
जैसे इस भूमण्डलीय एकाकीपन के बीच
मौत की सूचनाएँ

हर खबर घनघनाती है कानों में
जैसे शहर के बीच
किसी घण्टाघर में
रात बारह का ढन... ढन ...ढन ....

जैसे एक की हार को मान लेते थे स्वाभाविक
किसी जीत हार के खेल में
ताकत नहीं बच रही मन में
जीवन के बाद मृत्यु की स्वाभाविकता मानने में
कोई हो रिश्ते का या खबर भर का

सोशल साईट्स जैसे रास्ते हो गये हों
जाते श्मशान की तरफ

घर की चारदीवारी के बीच
शहर कब्रिस्तान बन जाता है
समय की भेंट दे दी गयी हो जैसे
कब्रिस्तान की झाड़ियों, जंगलों को

आओ मोमबत्तियाँ जलाएँ।

गिरह हमारा

गिरह हमारा शून्य है*
वही गिरह है दूसरा जगत
असीम जगत
उसी जगत में बज रही है एक ध्वनि
उसी जगत में है एक अन्य आलोक
इतर आलोक
उसी जगत में और भी कुछ-कुछ
स्वाद, सुगन्ध
ऐसे ही और भी आयाम
उसी जगत का कण हूँ मैं
कण हैं हम
कण जो था
है
रहेगा
तब़ भी जब ओशो थे
नानक कबीर थे
तब भी जब बुद्ध थे
और बुद्ध से भी पहले
और पहले भी
उसी कण और दूसरी ऊर्जाओं से मिल
बना है यह आत्मा शरीर का मिश्रण
आया हूँ
आए हैं

इस भौतिक जगत में
वही कण सत्य है
सत्य है
कणों के असीम सागर का यह एक जर्रा
एक एक जर्रा
इसी में डायलेक्टिक्स
ब्रह्मानन्द इसी में
फना हो जाना है यहीं
यहीं समा जाना।

---

* कबीर वाणी

साँसों से बातें करो

चुकते से हों जब सब
तब भी जो देती साथ
पल–पल प्रतिपल
उन साँसों से बातें करो

प्रसाद की इड़ा
पतंजलि की पिंगला
समेटे आगम प्रस्थान
सम पर है प्राणों का संचार
है जीवन प्रवाह
प्रवाह में बहते चलो

तुम्हारी दिलचस्पी से तटस्थ
दे रही हाथ में हाथ
लम्बी उसाँसों के साथ उसे
सीने में रखते चलो
जिजीविषा को अपनी
समृद्धि से भरते चलो

धरा गगन में समायी
ऊर्जा तुम तक आयी
सहज सुलभ
शबनम की बूँदों जैसी

बसन्त के फूलों जैसी

प्रकृति से बाँटी गयी
तारों और चाँद जैसी
धूप और छाँह जैसी
दिये तुम्हारे हाथों धड़कन की डोर
आशा, उमंग का इन्द्रधनुषी छोर

वेदना के निस्तार के लिए
जीवन के विस्तार के लिए
गति की इस इकाई के साथ
होश से बढ़ते चलो
साँसों से बातें करो

जसिन्ता की कविताओं के लिए

जैसे शब्द बन जा रहे हों
जल के स्रोत
स्रोत फिर नदी
जैसे बहने लगी हो
नदी शब्द की
बिना रुके निकल जाती हो
पत्थरों, चट्टानों के बीच
बनकर पतली पर तेज धार
फिर छलाँग लगाने के लिए
हो जाती हो बड़ी
उद्दाम हो कभी, कभी सरल
और बरबस समेट लेती
शामिल कर लेती आपको अपने में

जैसे अपना ही दर्द
आ जाए सामने
यही तो था
मेरी आँतों का दर्द
दर्द यही तो था छिपा
यकृत, प्लीहा, नसों, फेफड़ों
और जिगर में
लहूलुहान मैं अन्दर से था
इसी से

जैसे झिंझोड़ दे
आपको
हड़बड़ाकर उठ बैठें आप

जैसे हो जा रहा हो
कैथार्सिस

जैसे छल और कुचक्र की लगी चाबुक
का दाग
आपकी पीठ पर
आप देख ले रहे हों
दिखा दे रहा हो आपको कोई

जैसे क्षितिज के एक कोने में
छिटकती आग सूरज की
ढँक ले पूरे आकाश को
धरती को

ऐसी हैं इस युवा कवि की कविताएँ
कवि
जिसका नाम है जसिन्ता

कि जैसे
बँध जा रही हो उम्मीद
कि
बज गया है बिगुल
गाड़ दिया जाएगा
झण्डा।

तितलियाँ

फूलों की खुशबू
हरियाली
खुशनुमा बाग
जब भी आते हैं कल्पना में
हवा की तरंगों पर
बायें, दायें से
पंख फैलाती, बन्द करती
तुम सब कैसे पहुँच जाती हो, तितलियो!

फूलों को मिल जाती हैं सखियाँ
बाग की चुप्पी को संगीत

रंगों के मौन अहसास में
जोड़ देती हो गति

आओ, समा जाओ जीवन की खामोशी में
ठहराव को मिल जाए कदम!

बीती घड़ियाँ

बीती घड़ियाँ मर नहीं सकतीं
दिल में
बजती रहती हैं
उनको संगीत मानो या शोर

मर गयीं
मतलब मर गयी घड़ी
चल भी रही होगी
तो सूइयाँ रह गयी होंगी खुदगर्जी की—
छोटी और बड़ी,
बस चुभने को।

शब्द ये

वे गिरते हैं
सर पर हथौड़े-से
गो कि कहलाते हैं महज शब्द

वे बड़े भार-सा पड़े होते हैं
सीने पर
गो कि दिखते नहीं
और लगता है—
क्या? कहीं, कुछ तो नहीं!

उनके और इनके शब्द
इतने अलग-अलग क्यों होते हैं,
लिए हुए तासीर अलग-अलग?
गो कि हैं तो दोनों पास-पास!

साथ के शब्द पड़ गये बहुत हल्के
बहुत जल्दी
गो कि वजन भारी डाला गया था
पूरे सफर के वास्ते

केले के पत्ते
कट फट जाते ही हैं
बेर की झाड़ से
गो कि दोनों
आते हैं मिलने के लिए पास-पास!

मेरू में सड़क जाम

डेढ़ साल में पहली बार
आज मेरू* में देखा सड़क जाम
छोटा–सा
यही दस मिनट के लगभग का

गुदगुदी देता है
गाँव में छोटा सा जाम
शायद फख्र हो इस पर गाँववासियों को

पीं... पों... पीं... पीं...
और बायें दायें
माथों पर लाल सिन्दूर की लम्बी लाइन
टिकुली
गोटे लगे बॉर्डर वाली
लाल पीली साड़ियों की भीड़,
साटन की नीली पीली फ्रॉकों
हाफ पैंटों की रेलमपेल
रुक जाती है मोटरसाइकिल
नाक में घुसती है
तले जाते आलूचॉप और
भूने जीरे मसाले की गन्ध
जैसे चिकन बटर मसाला
तन्दूरी नान से घबराकर
घुस आए हों
चौके में

दाल भात चोखा के लिए

सामने की मेटाडोर बढ़ती है आगे
कोलकाता, दिल्ली का जाम नहीं यह
कि बढ़ा दूँ तुरत अपनी मोटरसाइकिल
एक इंच भी जगह ना छोड़ूँ.
निकलने देता हूँ एक दो को
अरे... रे...
रेला घुसता चला आता है
नकारते हुए चमचमाती मोटर साइकिल को,
उसकी लगातार हॉर्न को नकारती है
मेले की कौतूहल भरी
छोटी, बड़ी, बच्ची आँखें
तो उम्मीद जैसा अच्छा लगता है मुझे
मेरू के पास के
सिलवार खुर्द का यह जाम

सिलवार खुर्द!
कोलकाता, दिल्ली, मुम्बई, बेंगलुरु
जैसे भारी नामों के बीच
जुबां पर मिश्री की डली-सा लगता है
सिलवार खुर्द

सिलवार की पहाड़ी की
ऊपर नीचे की चट्टानों पर खड़ी
रंग-बिरंगी भीड़
थोड़ी यहाँ थोड़ी वहाँ

दायें—पहाड़ी पर थोड़ा ऊपर—
जगन्नाथ मन्दिर
बायें—झूले, कठघोड़वा, बाजे, सर्कस
बिलकुल बी आर पनेसर की पेंटिंग—
हावड़ा के पेंटिंग एक्जीबिशन में लगी हुई

ऐसे ही किसी मेले को
पनेसर जी ने उतार दिया था
कैनवास पर
बस—एक-एक स्ट्रोक
एक-एक आदमी
कई एक स्ट्रोक
एक-एक भीड़
ऐसे ही किसी रमजतरा के एक मेले को

रमजतरा!
रथयात्रा को यही तो बोलती थी
मेरी माँ की मौसी की पीढ़ी
अब वो पीढ़ी नहीं रही
मेरी माँ जिस पीढ़ी में
लगभग अन्तिम थीं
वो पीढ़ी भी न रही
रमजतरा बोलने वाला कोई न रहा

आँगन भी तो नहीं रहा
जहाँ वो बैठती थीं
हम सब भाइयों ने बाँटकर
कहीं पर बना लिया है
ड्राइंग रूम
कही डाइनिंग स्पेस
कहीं युटिलिटी
जैसे मेलों को सब बाँट कर
बना रहे हैं
कॅम्प्लेक्स, मल्टीप्लेक्स
सिटी सेन्टर
जैसे हवा को बना रहे हैं धुआँ!

---

*हजारीबाग (झारखण्ड) के पास का एक गाँव

घटने का सिलसिला

ले जाना चाहता है किस ओर यह समय
सारे चेहरे बस पर्दे पर—
पर्दे पर सिमटी सारी भेंट मुलाकातें
घट गये आयाम
तीन से हो गये दो

जैसे बदल गयी सारी रीत
प्रीत की, तकलीफ की

सारी भावनाएँ बस अंकों के हवाले
सारा समाज बस घट कर 'साइट्स' पर
जैसे घट गये बीज किसानों के
मौके नौजवानों के

जैसे घट जाता है चाँद अमावस्या तक
घट गये हैं दरवाजे

उगा सकते हैं कुछ?
कि दरवाजे खुले हों हर घर के
सारे रास्ते सिमटने न लगें
समापन की ओर?

तारे दिखते रहें बिखरे पूरे आकाश में
और खेत हल से भरे
नदियों में दिखता रहे जल साफ–साफ
हरी पत्तियों से भरी धरती
और मन धरती–सा?

सूईसाज

चमत्कार दिखाता है
सूईसाज का हुनर
कह देता है
'करत करत अभ्यास' की रसरी चलाने

सूई में सूत डाल लेता है तुरत
मानो कम्प्यूटर की गणना से साधे
जुड़ जा रहे हों खगोल में अन्तरिक्षयान

और सूई को रूए में डालती
फिर आगे निकलती सूई को पकड़ती उँगलियाँ
जैसे आठ पैरों वाला भूआ
जल्दी-जल्दी जा रहा हो काम पर
या दौड़ रहा हो संकट में
सिकोड़ता फैलाता देह को जिजीविषा में

गद्दा धीरे-धीरे रूप लेता जा रहा
जैसे भ्रूण में आकार ले रहा हो नवजात
कोषों के क्षण-क्षण बढ़ने से

हुनर के हाथ में
घुले श्रम से
बह रहा है बीज रचना का।

हम कहाँ कुछ बोलते हैं

जैसे ग्रसता है अजगर धीरे-धीरे
सरकाता हुआ शिकार
वैसे लील लिया जा रहा सबकुछ
पर
हम कहाँ कुछ बोलते हैं
मुँह पूरा कहाँ खोलते हैं

लद गये दिन तुष्ट करने के
जैसे बड़े दिनों की चाह
हो रही हो पूरी
अफीम ली
सबने थोड़ी-थोड़ी

जब-जब थोड़ा-थोड़ा
होश आता है
ठीक नहीं, ठीक नहीं
तानाशाही है, असहिष्णुता है
बोल
मन सबका फिर सो जाता है

ठीक नहीं अन्नदाता पर
निजी अंकुश, घेरा, बन्धन
नहीं ठीक

एक दिशा से आती आवाज
चुप कर
राम राम का क्रन्दन

पर चाय पर चर्चा जैसी
बोलते हैं हम
ठीक न होकर भी ठीक है
डोलते हैं हम

तनती कहाँ हैं हमारी मुट्ठियाँ
जल कहाँ रहीं भट्ठियाँ
निकल घर से बाहर
सड़क पर नहीं कोई खड़ा है
अपने सोफे पर पड़ा है

जो जिम्मेवार थे
दुश्मन बदल
बस समय को तोलते हैं
चुप रहते हैं
हम कहाँ कुछ बोलते हैं!

जब फिर उगता है सूरज

आता ही है वक्त
ढलता है जब सूरज—
सूरज खुशियों का, आशाओं का
भय आशंका की रात देती है दस्तक
कर देती गति को दरवाजे में बन्द
आवाज में बिछती है सन्नाटे की तह
कहीं से उड़तीं अदृश्य किरचें
चुभतीं
छीनतीं साँसे
साँसों की ऐंठन
रक्तिम करती किरणों को

या जलती है सम्भावनाओं की चिता
आग अनिश्चितता की
फैलती क्षितिज तक

पर
आता ही है वक्त
बँटती जाती हैं किरणें
अलग-अलग रंगों में
कुछ हो जाती हैं शेष—खोकर अस्तित्व
और कुछ सुरक्षित—बन जाने को रोशनी

काले सूरज के दिन
हो जाते हैं बौने-से स्मृतियों में
कष्ट खिलौनों-से

आता ही है वक्त
जब फिर उगता है सूरज
जैसे पैर छुड़ाकर
मौत से लड़कर
उड़ गई थी मैना उस दिन
झरोखे के जाल से निकल
पंख फैलाए उसी आकाश में।

अब पार हो चला है सत्तर

तब ग्यारह बारह वर्ष ही हुए थे
स्वतन्त्र हुए
और मैं आठ नौ वर्ष का ही था
स्वतन्त्रता दिवस और गणतन्त्र दिवस जैसा
जोशोखरोश से भरा और कोई पर्व होता न था

अवश्य होती प्रभात फेरी
अलस्सुबह ताजे-ताजे बच्चे बच्चियों की महीन
पर बुलन्द आवाजों में नारे
हाथों में झण्डे
हर घर से झाँकता तिरंगा
बाजार की हर दुकान से

इतनी सुबह से दिन अब क्यों नहीं शुरू होते
और वैसी शामें
स्कूलों में हाथ चमकाते
मुट्ठियाँ बाँधते
वाद-विवाद
भाषण प्रतियोगिताएँ

तब इतना विकास नहीं हुआ था हमारा
पर बहनें सुरक्षित थीं
जावेद से मिलता था रमेश दिल खोल के

मुसहरा हमें सिखा देता था लटाई घुमाना

हम गर्व करते थे एचईसी, भेल* पर
ट थे, ब थे,
अ नहीं आये थे
अ से अगुआ नहीं हो गये थे
हमारी ट्रेनें छीन लेने को
न लालकिला हुआ था उनके हवाले
न हमारे फेफड़े, जिगर उनकी व्यवस्था के भरोसे थे
न किताबों के अक्षर ही

याद आने लगता है
दो सौ वर्ष हम पर शासन करने वाले
कैसे आये थे
बस व्यापार की इजाजत लेकर

अब तो डर भरा इन्तजार है
कब इन अगुओं के हाथों होने लगे इवेण्ट मैनेजमेण्ट
पन्द्रह अगस्त, छब्बीस जनवरी का
प्रधान सेवक को वे बताएँ
बैठो यहाँ, बोलो वहाँ से
बोलो यह, बोलो वह

तब कुछ ही वर्ष हुए थे
अब पार हो चला है सत्तर।

---

*भेल—भारत हेवी एलेक्ट्रिकल्स लिमिटेड
एचईसी—हेवी इंजीनियरिंग कॉर्पोरेशन

इतिश्री

बच्चा था तो
करायी गयी थी हथखल्ली
फिर स्लेट पर गुरुजी, पिताजी लिख देते
अ, आ
उस पर खल्ली दुहराता था मैं
भाई, बहन भी
सभी बच्चे

धीरे-धीरे लिखे पर दुहराने की जरूरत नहीं रही
अंकित होते गये अक्षर अन्दर
और गहरे गये
तो मालूम हुआ
अक्षर दरअसल ब्रह्म है
स्थित अन्तर में

खल्ली दुहराना नहीं छूटा बहुतों का
गुरुजी को मालूम नहीं था
जीवन गँवा देंगे बच्चे
खल्ली दुहराने के कर्मकाण्ड में
'पाहन पूजन' में
'कांकर पाथर' में
पाँच वक्त की उठक-बैठक में

घण्टा, घड़ियाल में
समझ लेंगे इसे ही इतिश्री
नहीं जाना चाहेंगे इससे आगे

कुछ जो आगे जाने का दम्भ भरेंगे
ऐसे
कि खड़ी करेंगे इसी पर महल अटारी कूटनीति की
कटेंगे, मरेंगे
काटेंगे, मारेंगे
भेड़िया धसान की भेड़ों को
हाँक ले जाएँगे
पकड़ा कर हाथ में स्लेट और खल्लियाँ

भेड़ों की भीड़-सा सब अटके रह जाएँगे
दिखलाते हुए धूप अगरबत्ती
चढ़ाते हुए फूल
नहाते धोते
झाल बजाते।

इतिहास से डरो

हमें डराने वाले
हमसे नहीं तो
इतिहास से डरें
डरें इतिहास के निर्मम पन्नों से

आँसुओं पर जो सबने किया एतबार
छले जाने के लिए बार-बार
लिखा जाएगा

भरोसा जो कर लिया
तिरंगे की छाया के बावजूद
दशकों से जलते रहे पन्ने
होते रहे जो लहूलुहान
छू जाएगा उन्हें इनका दर्द
आलीशानों के अगल-बगल
वंचितों की झोलियाँ
जो होती रहीं और भी वंचित
भर दी जाएँगी अब

पर भर रहीं हैं उनमें
भरपूर तुकबन्दियाँ
सूर्योदय, चन्द्रोदय... भारतोदय...
लिखा जाएगा

तुकबन्दियों से भूखे बच्चे हो जाएँगे खुश!
उछलेंगे, कूदेंगे
गाएँगे गीत अपना नहीं, उनका मनचाहा

बच्चों की ही तर्जनी पकड़ कर
जहाँ वे पहुँचे
सिर नवाया
निकल रहे हैं वहाँ से दूसरे गलियारे
कहीं टूटी मूर्तियाँ, कहीं टूटता जीवन
चोट पड़ी है विचारों के सिमेण्ट
और तपस्या की छड़ों पर
छीना गया है भोजन के नाम पर जीवन
रोजी रोटी के नाम पर जीने का हक

वे चल देते हैं मौन का दाँव

वे रह सकते हैं मौन
समय भी हो सकता है मूक थोड़ी देर के लिए
पर इतिहास के पन्ने
चुप नहीं बैठते
लिख देते हैं शब्द
ड्रामा! धोखा!! दगाबाजी!!!

उगा रहा हूँ फूल

कुछ ऐसे भी हैं पौधे
जिनकी छँटाई का वक्त नहीं ये
फिर भी करनी पड़ रही है
अब सम्भव नहीं और इन्तजार सही वक्त का
गँवाया जो है सही वक्त
अब बेवक्त की छँटनी के बाद उनको रखना है जीवित

जिनका वक्त है
वे तो रह जाएँगे सुरक्षित
पर उन्हें भी बचाना है
पास के उग आए जहर से

कुछ उधर से सुरक्षित पर
नमी के अभाव में
आरोप फेंक रहे माली पर
समय पर नहीं सींचने का

सब अपराधों का अपराधी मैं
वक्त लिये, ग्लानि लिये
साहस और अपराध बोध लिये
उगा रहा हूँ फूल
जो सुवास दे निर्जन में सही
जहाँ कभी-न-कभी बन जाएगा राजपथ
समरसता का, रचना का।

कहना खरी-खरी

फूलों से सजे
मेरे अबोध चेहरे की मासूमियत पर
मत चले जाना
कहना खरी-खरी
जो रहा वो सुनूँगा मैं
जो बना वो जानूँगा मैं

'इनकी आत्मा को शान्ति दे ईश्वर'
ऐसी कामना मत करना
नहीं पहुँचेगी उस तक
और मुझ तक आकर लौट जाएगी
कहना वही जो दिल दे गवाही

दे रहा हूँ जिम्मेवारी तुम्हें
'जो चला गया उस पर क्या कहें' की लीक तोड़ने की
कहना खरी-खरी

क्षतिपूर्ति हो जाएगी
शून्य से वक्त छिनकर तब
आ जाएगा मेरे खाते
मेरे जाने के बाद भी
और

बढ़ जाएँगे मेरी पतली किताब के पन्ने
समालोचनाओं से
कहना खरी-खरी।

कहलगाँव में एनटीपीसी

भूरे मटमैले वे
विकास के शोर की तरह
बैठ गये हैं
पत्ते-पत्ते पर
हर दूब की नोंक पर
थाली कटोरों की कोर पर

ये तो दिखते हैं
जो नहीं दिखते वे अन्दर समा रहे हैं
फेफड़ों को धौंकनी बना रहे हैं
हम ऊर्जा के नाम पर
'फ्लाइ ऐश' फाँक रहे हैं

कोयला भट्ठी में जलता है
आग दिल में लगती है
बिजली के नाम पर
भूरी अँधेरी रात
जीवन की रोशनी
निगलती है

काँच टूटने की आवाज

हाथ से तुम्हारे
सुन्दर काँच का ग्लास
छूटा है कभी
टूटा है कभी
कैसा लगा था?
वैसे ही टूटता है कोई
झूठ से तुम्हारे
हो सके तो सुनो
काँच टूटने की आवाज!

तुम्हारा गणित

उसकी पचहत्तरवीं वर्षगाँठ
इसकी दो सौवीं
उसका दशक
इसकी शताब्दी
इसी गणित में उलझाये रखो
समझ और संवेदना को
जैसे हम खड़िया के स्लेट
तुम हाथ में लिए करतब के चौक
रगड़ देते हो हिसाब हमारे माथे पर
कि हँसना है तौल कर
गाना है गिनकर
जैसे उतनी बार धड़के दिल
जितना तुम कहो
उतना ही बने खून जितना कहे तुम्हारा बहीखाता
क्योंकि हम हो जाते हैं अचम्भित
बाजीगरी देख
पर भूलते हो
सब को कुछ दिन
कुछ को सब दिन
बनाया जा सकता है मूर्ख
सम्भव नहीं है
सब को सब दिन
रख लेना अँधेरे में।

थैंक यू अंकल

सीढ़ियों के नीचे बची जगह में
टुकुर-टुकुर ताकती है मुझे हर बार
छोटे-छोटे हैण्डल, पैडल, चक्कों की भीड़

किसी की रिबन लाल है
तो किसी की निकर पीली
कोई हरे शर्ट में है तो
किसी की जीन्स है नीली
सब दो पहियों पर बढ़ने को तैयार
एक-दूसरे से गले मिलते
मुस्कुराते

बच्चे हैं आते
अपनी चहचहाहट के साथ हैं पैडल लगाते
ये चल पड़ते हैं उनके दोस्त-सा

शान्त चुपचाप
ये रास्ते पर चले जाते हैं
डीजल न पेट्रोल
न धुआँ फैलाते हैं
इनकी ट्रिन ट्रिन बजती है हल्के 'डेसिबल' के साथ
जैसे बढ़ा रहे हों चिड़िया चुनमुन से दोस्ती का हाथ
अपनी दाँतों से खीच जंजीर

लिखते हैं हमारे स्वास्थ्य की तकदीर

सीढ़ियों के नीचे ये मुझे
बाग में लगे पौधों से दिखते हैं
कभी किसी हैण्डल को ठीक कर देता हूँ
कभी स्टैण्ड का एंगल
मुस्कुराती आँखों से ये कुछ बोलते हैं
जैसे अपार्टमेण्ट के बच्चों ने कहा हो
थैंक यू अंकल!

दरख्त-सी कविता

दरख्त-सी कविता
तनी रहती है खड़ी रहती है
झंझावातों को हँसकर भगा देती है
बिजली, वर्षा, ओलों की चोटों के बाद भी
देती रहती है हरियाली
विचारों के अकाल में

आसान नहीं होता दरख्त-सी कविता को
ढाह देना

'यदा यदा हि धर्मस्य' की ग्लानि के लिए
शताब्दी में आता है कोई कलयुगपुरुष
'जानामि अधर्मं न च मे निवृत्ति'[1] की तरह
जब पैदा होता है कोई दुर्योधन, कोई कंस
तब
बड़ी साजिशों के साथ
आरा, कुल्हाड़ा चलाकर
काटे जाते हैं ऐसी कविता के हाथ पाँव
भूल कर कि फिर कोपलें फूट आती हैं
जैसे प्रेम अँखुआता ही है
भेद के जहरीले संसार में भी
जैसे हर दंगे में घुली होती है
बचाने वाले की कहानी

बस तपस्वी-सा
देना पड़ता है दरख्त बनने-सा समय कविता को
और छाया मिलती रहती है पीढ़ी-दर-पीढ़ी

1. जानता हूँ अधर्म क्या है पर मैं उसे छोड़ नहीं सकता हूँ

